Josef Lada

Kater Mikesch auf der Kirchweih

Deutsch von Otfried Preußler
Illustriert mit Fotos von Hans und
Christine Meile nach dem Fernsehfilm der
Augsburger Puppenkiste

DELPHIN VERLAG

Ein Kater, der sprechen kann

[redacted]

Liebe Kinder, ich möchte euch eine Geschichte erzählen, aber ich fürchte, ihr werdet sie mir nicht glauben. Und doch ist es die reine Wahrheit, daß Schusters in Holleschitz einen Kater hatten, der Mikesch hieß.
Jetzt werdet ihr natürlich lachen. »Ach so!« höre ich euch sagen. »Wir haben daheim auch einen Kater!« — »Und wir auch! Und ein Kätzchen obendrein!«
Schön und gut, meine Lieben, aber der Kater in Holleschitz war ein ganz besonderer Kater. Er konnte nämlich sprechen! Ob ihr es glaubt oder nicht. Schusters Pepik und die anderen Holleschitzer Dorfkinder sind meine Zeugen.
Ich weiß nicht genau, wie es kam, daß Mikesch das Sprechen erlernt hat. Vielleicht, weil Pepik immer mit ihm geredet hat.
Stellt euch vor: Da geht eines Abends der Großvater Frantak an Schusters Garten vorbei und schmaucht zufrieden seine Tabakspfeife. Plötzlich hört er, wie ihm jemand mit feiner Stimme »Guten Abend, Großvater Frantak!« zuruft. Großvater stutzt und schaut sich um. Niemand zu sehen.
Aber da hört er von neuem die feine Stimme. »Ich sage: Guten Abend, Großvater Frantak!« Sie scheint aus einer der Baumkronen zu kommen.

Diesmal schaut Großvater Frantak schärfer hin, und schon patscht er sich fröhlich auf die Schenkel.

»Potztausend — was für ein Wunder!« ruft er aus. »Bloß ein Kater — und grüßt freundlicher als alle Dorfjungen miteinander! So was, so was! Ein kleiner Kater — und grüßt einen wir der Herr Bürgermeister persönlich!« —

Pepik und Mikesch schliefen miteinander auf dem Backofen. Wenn Pepik am Abend hinaufkletterte, kam auch Mikesch gleich herbeigeflitzt, machte hopp! und war früher oben als Pepik. Danach kuschelte er sich zu ihm unters Federbett und schnurrte ihm zufrieden ins Ohr. Das hörte sich an, als surrte ein Spinnrad. Und vor dem Einschlafen erzählte ihm Pepik Märchen. Die hörte der Kater Mikesch fürs Leben gern.

Nur wenn Pepik mit einer Gespenstergeschichte anfing, bat er ihn:
»So was erzähle mir lieber nicht! Da muß man sich ja fürchten, wenn man nachts in der Scheune Mäuse jagt!«
Einmal hörte Pepik den alten Schneider-Großvater das Märchen vom gestiefelten Kater erzählen. Es gefiel ihm so gut, daß er an seinem Vater so lang herumbettelte, bis er auch dem Mikesch ein Paar Stiefel schusterte.
Pepik überreichte sie ihm eines schönen Tages im Winter. Da war Mikesch gerade völlig durchfroren von der Mäusejagd heimgekommen. Besonders an den Pfoten war ihm schrecklich kalt. Deshalb hatte er eine Mordsfreude, als ihm Pepik die schönen neuen Stiefel schenkte. Der Jubel war groß, aber es dauerte eine ganze Zeit, bis er in den Stiefeln richtig gehen konnte. Wie oft purzelte er kopfüber in den Schnee, bevor Pepik ihm beigebracht hatte, wie man aufrecht auf den Hinterpfoten läuft! Aber er nahm es von der lustigen Seite und lachte darüber.
Unter den Dorfkindern gab es eine große Überraschung, als Pepik seinen Mikesch eines schönen Tages auf die Eisbahn mitbrachte. Zwar hatten einige Buben gezähmte Eichhörnchen zu Hause, auch Stare, Häschen und Igel; aber das alles war nichts Besonderes. Und da kommt nun auf einmal dieser Pepik zum Dorfweiher, und dicht hinter ihm spaziert auf zwei Beinen ein schwarzer Kater, der an den Vorderpfoten warme Fäustlinge trägt und in seinen Stiefeln über das Eis stapft wie ein Alter.
Sofort kamen die Buben auf ihren Schlittschuhen von allen Seiten herbeigesaust und umringten sie.

»Nanu!« sagte Schreiners Franta, indem er kopfschüttelnd auf Mikesch zeigte, »wer ist das denn?« Und nun stellt euch, bitte, die Gesichter der Dorfkinder vor, als ihm der Kater in aller Seelenruhe zur Antwort gab: »Ich? Ich bin Schusters Mikesch.«
Einige Kinder rannten spornstreichs mit lautem Geschrei nach Hause. »Mutter! Vater!« riefen sie schon von weitem, »auf der Eisbahn ist Schusters Pepik mit einem Kater, der sprechen kann!«
Und sofort machten sie wieder kehrt und rannten an den Dorfweiher zurück.
Es dauerte nicht lang, da tummelte sich auch Mikesch auf dem zugefrorenen Weiher. Wenn er über sein Schwänzchen stolperte, schlug er einen Purzelbaum und fegte mit seinem Fell die Eisbahn blank. Was meint ihr wohl, wie die Dorfkinder da gelacht haben! Und weil Mikesch sah, wieviel Spaß ihnen das machte und wie sie sich nur so schüttelten vor Lachen, ließ er sich fortan absichtlich jeden Augenblick auf die Nase fallen. Er tat stets so, als habe er sich tüchtig wehgetan, rieb sich den Rücken und wimmerte: »Autsch, das hat wehgetan! Ich glaube, Pepik, wir müssen heut abend die alte Kräuterfrau kommen lassen, damit sie mir die blauen Flecken mit Salbe einschmiert...«
Der ganze Kerl krümmte sich zusammen wie eine Leierkastenkurbel, und so humpelte er zum Vergnügen der Kinder über den Dorfweiher.
Plötzlich aber richtete er sich starr auf. Im nächsten Augenblick streifte er die Fäustlinge von den Vorderpfoten, und eins-zwei fuhr er aus den Stiefeln. Hastig stopfte er die Fäustlinge in die Stiefelschäfte, die Stiefel selbst warf er sich über die Schulter, und hast du nicht gesehen — schon saß er hoch droben auf der kahlen Pappel, die am Ufer des Weihers stand.
Es war aber auch allerhöchste Zeit! Schon kam nämlich Nachbars Karo herbeigestürzt wie der leibhaftige Teufel, und es fehlte nicht viel, da hätte er Mikesch gerade noch am Schwanz erwischt.
Karo war außer sich vor Zorn. Er bellte Mikesch etwas in der Hundesprache zu, und Mikesch antwortete ihm darauf in der Katzensprache. Aber auf einmal packte ihn die Wut, und nun schrie er den verdutzten Karo mit Menschenworten an: »Scher dich weg, du elender Köter!«
Was meint ihr, wie Nachbars Karo da erschrocken ist! Sofort hörte er auf zu bellen. Die Haare sträubten sich ihm, er klemmte den Schwanz zwischen die Beine und nahm Reißaus, daß der Schnee hinter ihm aufstob!

Schusters Großmutter erlebt eine Überraschung

Schusters Großmutter war eine ordentliche Hausfrau. Bei ihr brauchte niemand Hunger zu leiden, jedermann bekam sein Essen rechtzeitig und reichlich. Pepik speiste am liebsten mit Mikesch an dem niedrigen Tischchen neben dem Ofen. Er lehrte ihn mit einem Löffelchen aus einer kleinen Blechschüssel essen, und es dauerte nicht lang, da aß Mikesch artiger als mancher Junge. Großmutter hatte den Kater gern, weil er höflich und folgsam war. Wenn Pepik nicht im Hause war — und sie brauchte jemand, der ihr vom Dachboden Zwiebeln, gedörrte Birnen oder Zwetschgen holte —, dann schickte sie einfach Mikesch los, und der brachte ihr alles, was sie verlangte.

So war Großmutter recht zufrieden mit ihm, und manch liebes Mal streichelte sie ihm das Fell, wenn er auf der alten quietschenden Handmühle den Kaffee mahlte und dabei vor sich hin sang.

Aber eines Tages hat sich Großmutter wegen Mikesch ganz schön ärgern müssen! Es war um die Mittagszeit, und sie trug dem Schweinchen Paschik gerade Stampfkartoffeln mit Milch in den Stall. Sie stieß den Riegel zurück, öffnete das Türchen und beobachtete Paschik eine Weile. Dann sagte sie: »Paschik, Paschik, du gefällst mir nicht! Wirst kein bißchen dicker, bleibst dürr wie ein Zaunstecken. Woran liegt das bloß?«

Und nun stellt euch das bitte vor! Das Schweinchen Paschik wischt sich mit der Vorderpfote den Rüssel, blinzelt Großmutter aus seinen Schweinsäuglein pfiffig an — und auf einmal sagt es: »Nun ja, Großmutter, wie mir Mikesch erzählt hat, ist doch jetzt Schlanksein die große Mode!«

Schusters Großmutter blieb eine Zeitlang wie betäubt stehen. Aber dann stellte sie den Topf mit den Stampfkartoffeln energisch auf den Boden nieder, stemmte die Hände in die Hüften und rief aus: »Herr des Himmels! Da hört aber doch alles auf! Du bist mir ein schönes Tier! Sind wir ein Zirkus oder ein ordentliches Hauswesen?

Nicht genug, daß wir einen Kater haben, der sprechen kann wie ein Hanswurst — jetzt bringt dieser Pepik auch noch dem Schweinchen das Reden bei!« Großmutter verriegelte den Stall und lief hinaus auf den Hügel, wo in seinem hölzernen Häuschen der alte Gemeindehirt wohnte.

Jetzt stand er gerade beim Zaun und striegelte seinem Ziegenbock Bobesch den langen Spitzbart.

Das schien Bobesch zu zwicken, denn er meckerte immer wieder zornig auf.
Großmutter wünschte dem Hirten einen schönen guten Tag und fing gleich an, ihm vorzujammern, was für Qualen sie

mit ihrem Pepik auszustehen habe: »Zuerst hat er dem Kater Mikesch bei-

gebracht, in der Menschensprache zu reden, und nun auch noch dem Schweinchen Paschik! Wenn er doch lieber das Einmaleins ordentlich gelernt hätte!«
»Ja, ja«, brummte der alte Gemeindehirt. »Im ganzen Dorf erzählt man sich schon, daß Euer Pepik das Siebener-Einmaleins nicht kann!«
Der Gemeindehirt kratzte sich eine Weile am Kinn, und dann kraulte er eine Weile den Ziegenbock Bobesch hinter den Ohren. Schließlich meinte er bedächtig:
»Zunächst, liebe Großmutter, würde ich mir den Mikesch ordentlich ins Gebet nehmen. Er soll den Paschik ja nicht mehr zu solchen Dummheiten anstiften, sonst wird er davongejagt. Und danach würde ich dem Pepik verbieten, noch weitere Haustiere in der Menschensprache zu unterrichten. Er soll lieber seine Rechtschreibregeln und das Einmaleins ordentlich lernen!
Im übrigen will ich Euch nicht erzürnen, Großmutter, aber ich finde, daß es gar nicht schlecht wäre, wenn die Tiere reden könnten. Wenn ich von den Bauern geholt werde, um nach ihrem kranken Vieh zu sehen, tut es mir jedesmal von Herzen leid. Die armen Viecher können einem nicht sagen, wo es sie schmerzt und sticht, sondern einen nur schweigend mit traurigen Augen anschauen. Wie froh wäre ich, wenn mir solch eine kranke Kuh gleich an der Stalltür sagen könnte: ‚Schön willkommen, Gevatter Hirt, wie gut, daß Sie da sind! Ich fühle mich gar nicht wohl in meiner Haut. Schon seit Tagen schmeckt mir das Essen nicht mehr, ich bin am ganzen Leib wie gerädert. Auch habe ich Magenschmerzen und Kopfweh!' Ja, Großmutter, wenn das so wäre, wüßte ich auf der Stelle, wie ich diese Kuh zu behandeln hätte, und brauchte nicht lang herumzurätseln.«
»Da habt Ihr auch wieder recht«, sagte Großmutter. »Mich hat es auch immer bedrückt, daß ich nicht gewußt hab', was unserm Paschik fehlt, wenn er mal nicht gefressen hat. Aber jetzt frag' ich ihn einfach danach, und er sagt mir Bescheid... Also, schönen Dank, Gevatter Hirt! Jetzt gehe ich gleich zu Paschik und frage ihn, wie ihm das Mittagessen geschmeckt hat und worauf er noch Appetit hätte. Lebt wohl, Gevatter Hirt, mitsamt Eurem Ziegenbock Bobesch!«

Mikesch und Paschik auf der Kirchweih

Eines schönen Sonntags räkelte sich der Kater Mikesch faul auf der Ofenbank. Hier vor dem Bratrohr lag er am allerliebsten, weil es da immer hübsch warm war und manchmal nach Braten duftete. Aber heute war Mikesch schlechter Laune. Verdrießlich knurrte er in seinen Bart:

»O diese Langweile! Ich muß doch mal nachsehen, ob Paschik schon mit seinem Mittagsschläfchen fertig ist. Wir könnten ein bißchen miteinander schwatzen.«
Mikesch sprang von der Bank, zog sich die Stiefel an (barfuß ging er jetzt überhaupt nie mehr), lief hinaus auf den Hof und ging schnurstracks zu Paschiks Stall. Er klopfte höflich bei ihm an und fragte mit leiser Stimme: »Schläfst du noch, Paschik?«
»Ach wo!« grunzte Paschik drinnen. »Heut kann ich auf keine Art einschlafen.«
Paschik hob mit dem Rüssel die Futterklappe ein wenig hoch. »Was für ein schöner Sonntag!« sagte er. »Ich wäre dafür, daß wir einen Ausflug machen. Meinetwegen in den Wald zum Eichelnsuchen!«
»Ach, du liebe Zeit!« rief Mikesch aus. »Heute ist doch in Machowitz Kirchweih! Das wäre ein Ausflug, Paschik! Am Geld soll es uns nicht fehlen. Hier kommen doch immer wieder mal Stadtleute aus Prag vorbei, und wenn ich sie höflich grüße, wundern sie sich mächtig darüber und spendieren mir ein paar Kreuzer. Nur schade, daß es so weit ist bis Machowitz, das werd' ich auf meinen kurzen Beinen wohl kaum schaffen!«
»Weißt du was?« meinte Paschik. »Ich fahre dich auf dem Schubkarren hin! Hauptsache, du hast Geld! Wie ein Graf sollst du fahren! Lauf um die Kreuzer, ich hole einstweilen den Schubkarren aus dem Schuppen.«
»Also gut!« stimmte Mikesch freudig zu und rannte auf den Dachboden, wo er seine Kreuzer in einem alten Topf hinter einem Balken versteckt hatte. Er stopfte das Geld in die Stiefel. Dann eilte er wieder auf den Hof hinunter, um Paschik nicht warten zu lassen.
Paschik kam gerade mit dem Schubkarren aus dem Schuppen.
Mikesch setzte sich ganz vorn auf die Karrenleiter, und schon fuhren sie los. »Töfftöff!« machte Mikesch alle Augenblicke, damit sie nicht womöglich eines der alten Mütterchen über den Haufen fuhren, die nach Machowitz unterwegs waren. Gott behüte!
Die Wandersleute, die Mikesch schon kannten, wunderten sich nicht besonders über die seltsame Fuhre, aber die Mütterchen aus den entfernteren Dörfern flüchteten vor ihnen in den Straßengraben und starrten ihnen mit offenen Mündern nach wie einer Geistererscheinung. Das muß man gesehen haben! Ein Schweinchen fährt einen Kater, der Stiefel trägt, auf dem Schubkarren! Eine Welt ist das heutzutage! Zum Um-den-Verstand-Kommen!
Als Mikesch und Paschik in Machowitz ankamen, war der Marktplatz schon schwarz von Menschen. An den Schaukeln, den Karussellen, den Schießbuden und den Zuckerwarenständen herrschte ein solches Gewimmel, daß sich die beiden Freunde kaum durchzwängen konnten.

Im Gasthof »Zum bunten Hund« stellten sie gegen ein geringes Entgelt ihren Schubkarren ein wie andere Leute ihre Kutschen, Autos und Motorräder — und heidi! auf die Kirchweih.
Kaum hatten die Verkäufer in den Marktbuden die beiden erblickt, da riefen sie ihnen auch schon von allen Seiten zu: »Kommen Sie, Herrschaften, kommen Sie! Möchten Sie nicht etwas Hübsches kaufen?« — »Na, die müssen wir jetzt was verdienen lassen!« sagte Mikesch mit Gönnermiene und fischte seine Kreuzer aus den Stiefeln. Sich selbst kaufte er ein Paar heiße Würstchen, Paschik bekam eine saure Gurke, und als sie gespeist hatten, gingen sie hinüber zu der Schiffsschaukel.
Der Schaukelmann wunderte sich kein bißchen, als Paschik von ihm verlangte, nur ganz sachte geschaukelt zu werden. Solche Leute sind an dergleichen Wunder und Überraschungen längst gewöhnt. Der Schiffsschaukelmann zuckte nicht mit der Wimper, sondern er half Paschik beim Einsteigen und schaukelte ihn so sanft, als säße die alte Baronin von Klokotschna in der Gondel. Dafür trieb es Mikesch auf der Schaukel so toll, daß die Leute von allen Seiten herbeiliefen und ihm zuschauten. Er schaukelte, bis die Gondel am obersten Balken anstieß, dann sprang er hinaus und schlug auf dem Balken einen Purzelbaum. Als die Gondel wieder zu ihm heraufschwang, sprang er rücklings hinein und legte sich flach auf den Boden, daß die Zuschauer nur mehr sein schwarzes Schwänzchen sahen, das nach den Klängen des Leierkastens hin und her pendelte.
Was Wunder, daß sich die Leute vor Lachen bogen! So mancher warf dem lustigen Kater ein paar Kreuzer zu, die Mikesch geschwind in die Stiefel schob.

Als sie vom Schaukeln genug hatten, gingen die beiden Freunde ein bißchen zwischen den Buden spazieren. Mikesch kaufte sich eine Mundharmonika, und Paschik bekam einen kleinen Quietschballon. Aber die Freude war nur von kurzer Dauer. Paschik wollte den Quietschballon sogleich ausprobieren, aber als er die Luft einsog, verschluckte er aus Versehen das ganze Ding. So ein Tolpatsch!
Die beiden Freunde fühlten sich pudelwohl auf der Kirchweih, aber allmählich wurde es Zeit, an den Heimweg zu denken. Paschik war schon ganz unruhig.
»Laß uns endlich nach Hause fahren!« drängte er, »Großmutter sucht uns gewiß schon im ganzen Dorf!«

Da spazierten sie ein allerletztes Mal an den Verkaufsbuden entlang, und dann eilten sie nach dem Gasthof »Zum bunten Hund«, um den Schubkarren abzuholen. Aber der Schubkarren war verschwunden! »Tut mir furchtbar leid«, sagte die Wirtin, »jemand hat ihn mit seinem Motorrad verwechselt. Weiß der Kuckuck, wie das passieren konnte.«

»Na, hören Sie!« schimpfte Mikesch, »das ist ja eine feine Geschichte! Irgend so ein Halunke klaut uns den schönen neuen Schubkarren und läßt uns dafür sein Motorrad da! Können Sie mir vielleicht sagen, was wir jetzt tun sollen?«
»Was ihr tun sollt?« meinte die Wirtin. »Setzt euch drauf und fahrt heim! — Das heißt, wenn ihr auf so einem Ding überhaupt fahren könnt...«
Was blieb ihnen anders übrig? Mikesch war zwar noch nie auf einem Motorrad gefahren, aber er hatte gut aufgepaßt, wie sich die Motorradfahrer benahmen, die

von Zeit zu Zeit auf der Dorfstraße vorüberbrausten. Kurz entschlossen schwang er sich in den Sattel und hieß Paschik auf den Rücksitz klettern, dann ließ er den Motor an, hupte und fuhr davon.
Sie sausten auf der Landstraße dahin, daß es nur so staubte. Mikesch war der geborene Rennfahrer. Aber Paschik, der alte Plumpsack, hockte auf dem Rücksitz wie ein Häuflein Unglück. Bald quietschte er vor Angst laut auf, bald kreischte er: »Herr, steh mir bei!« Und als Mikesch einmal wegen eines alten Weibleins plötzlich hupen mußte, verlor Paschik vor Schreck das Gleichgewicht und purzelte rücklings in den Straßengraben.
Sofort stellte Mikesch den Motor ab und lief nachsehen, ob sich Paschik verletzt habe. Aber gottlob, dem war nichts passiert!

»Mit dir kann man höchstens auf einem Schusterschemel fahren!« fauchte Mikesch, »zu was anderem taugst du nicht!« Ein Wort gab das andere, und im Handumdrehen war zwischen den beiden Freunden die schönste Streiterei im Gange.
Doch nun betätigte sich das alte Weiblein, dem Mikesch vorhin gehupt hatte, als Friedensengel. »Seid froh, daß euch nichts passiert ist!« sagte es mahnend. »Statt hier herumzustreiten, solltet ihr lieber machen, daß ihr nach Hause kommt! Eine Welt ist das heutzutage! Jetzt fahren schon die Katzen und Schweine Motorrad!«
Mikesch und Paschik verprachen der Alten, sich von nun an in acht zu nehmen. Dann stiegen sie wieder auf das Motorrad und flitzten davon.
Schusters Großmutter hatte sie schon verzweifelt gesucht. Als sie die beiden auf dem Motorrad heranbrausen sah, erschrak sie so heftig, daß sie sich auf den Hackklotz setzen mußte, weil ihr die Beine schlotterten. Aber bald gewann sie ihre Fassung zurück, und kaum waren Mikesch und Paschik auf dem Hofplatz vorgefahren, da bekamen sie schon ihre Strafpredigt!

»Wo habt ihr euch herumgetrieben?« rief Großmutter zornig. »Ich bringe dem Paschik das Abendbrot, und er streunt durch die Gegend! Was wollt ihr auf diesem Teufelsding, dieser Krachmaschine? Es tut euch wohl leid, daß ihr heile Knochen habt! Woher habt ihr es übrigens, dieses Satansding? Doch nicht etwa gestohlen?!«
»Nein, nein«, sagte Mikesch kleinlaut. Stockend und stammelnd erzählte er, was geschehen war.

Großmutter schlug die Hände über dem Kopf zusammen. »Das wird ja immer schöner!« rief sie aus. »Jemand hat euch also auf der Kirchweih meinen guten Schubkarren gegen dies Knattermaschine umgetauscht! Da hört langsam alles auf! Na wartet, ich hole den Besen!«

Nur ein Glück, daß gerade in diesem Augenblick der Nachbar Hufschmied vorbeikam.

»Aber, aber«, beschwichtigte er die Großmutter, »warum denn so zornig? Dieses Motorrad ist doch mindestens hundertmal mehr wert als Euer Schubkarren!«

»Na und, Nachbar Hufschmied? Womit werde ich jetzt um Futter fahren und das Holz aus dem Wald holen? Soll ich vielleicht auf meine alten Tage noch motorradfahren lernen? Das fehlte gerade noch!«
»Wartet, Großmutter!« unterbrach sie der Nachbar Hufschmied, »kommt dort nicht ein fremder Mensch mit Euerm Schubkarren die Dorfstraße herauf? Kein Zweifel, das ist er! Ich will Mops heißen, wenn das nicht Euer Schubkarren ist!«

Er war es tatsächlich! Schon brachte ihn der fremde Mensch auf den Hof gefahren, setzte ihn dort ab und atmete aus tiefster Seele auf. Dann wischte er sich mit einem Taschentuch den Schweiß von der Stirn und sagte:
»Bloß gut, daß ich mein Motorrad wiedergefunden hab'! Ich muß auf der Machowitzer Kirchweih ein bißchen zuviel türkischen Honig geschleckt haben. Davon wird man ganz wirr im Kopf, wissen Sie... Auf dem Heimweg merke ich plötzlich, daß ich nicht auf dem Motorrad fahre, sondern mit einem Schubkarren. Ich also kehrt und sofort mit dem Schubkarren wieder zurück nach Machowitz in den ‚Bunten Hund'! Dort erfahre ich von der Wirtin, es sei unterdessen ein schwarzer Kater mit einem Schweinchen auf meinem Motorrad in Richtung Holleschitz weggefahren. Ich mit dem Schubkarren los und den beiden nach! Und jetzt bin ich also hier. Gebt mir mein Motorrad wieder, ihr Burschen, da habt ihr den Schubkarren! Nichts für ungut, die Herrschaften, danke schön, ich empfehle mich, Gott befohlen!«

Der Fremde bestieg sein Motorrad und knatterte von dannen. Großmutter war von Herzen froh, daß sie ihren geliebten Schubkarren wieder hatte. Ihr Zorn war verraucht, und dankbar nahm sie das bunte Bildchen entgegen, das Mikesch auf der Machowitzer Kirchweih eigens für sie gekauft hatte.

Paschik verkroch sich todmüde in seinen Stall. Der Ausflug hatte ihn mächtig angestrengt. Gleich nach dem Abendbrot schlief er ein. Mikesch zog sich in der Stube die Stiefel aus und legte sich auf die Bank vor dem Bratrohr. Wenige Minuten später schlief auch er.